AF404455

Förlag: BoD · Books on Demand, Östermalmstorg 1,
114 42 Stockholm, bod@bod.se
Tryck: Libri Plureos GmbH, Friedensallee 273,
22763 Hamburg, Tyskland
ISBN: 978-91-8080-802-6

"SÅ TECKNAR JAG"
TECKNINGAR UR MIN SKISSBOK

ULF SVENINGSON

En gång tittade Tecknarn,
Ulf Sveningson, heter han,
upp på mig från sitt block och sa:
”Vad synd det är om dig som inte kan
teckna, det är ju så förfärligt roligt”.

Jodå, jag kan säkert hitta minst hundra skäl till varför det är synd om mig,
men skulle nog aldrig kommit på just detta. Något sådant hade jag tänkt svara
när jag fick syn på hans ansiktsuttryck. Det fanns något saligt i det, men
samtidigt också något medlidsamt inför åsynen av mig, arma sate, som knappt
kan skriva mitt namn läsligt. Jag sade inget då och har aldrig senare berört ämnet.
Detta hände sig på den tiden då Göteborgs-Posten fortfarande trycktes i svartvitt.

Senare, när färgen kom, hade han också kunnat tillägga måla, men jag tror att han av ren
finkänslighet - varför vrida om kniven ytterligare? - lämnat ämnet. Det värsta är att jag numer
tror honom. Ingen annan jag känner har ett så lidelsefullt förhållande till sitt yrke. Semestrar
vore en belastning om det inte vore så att också dessa kan ägnas åt teckning och målning.

Han visste tidigt att han skulle bli tecknare.

Först trodde han nog serietecknare där han satt och kalkerade
Kalle Anka på femtiotalet i Uddevalla. Men så upptäckte han Rit-Ola,
Birger Lundquist, Rembrandt och Picasso, i nu nämnd ordning,
och plötsligt satt han på Slöjdföreningens skola i Göteborg.

Där pratade klasskamraterna om Cézanne och han om
Walt Disney, men ur detta skapades den syntes ni nu har framför er.

Nog vore det roligt att kunna teckna.

Gert Malmberg (1945-2022)
Journalist, Göteborgs-Posten

Rue St Julien le Pauvre.
...OCH JOSEPH BRODSKY
JAG LÄSER DAVID HOCKNEY
MIN NYA SLIPS. 140 F.
PARIS 21 MARS 1992
HOTEL ESMERALDA.
RUM NR 13. TREDJE VÅNINGEN

TAKAYAMA NOV. 1997

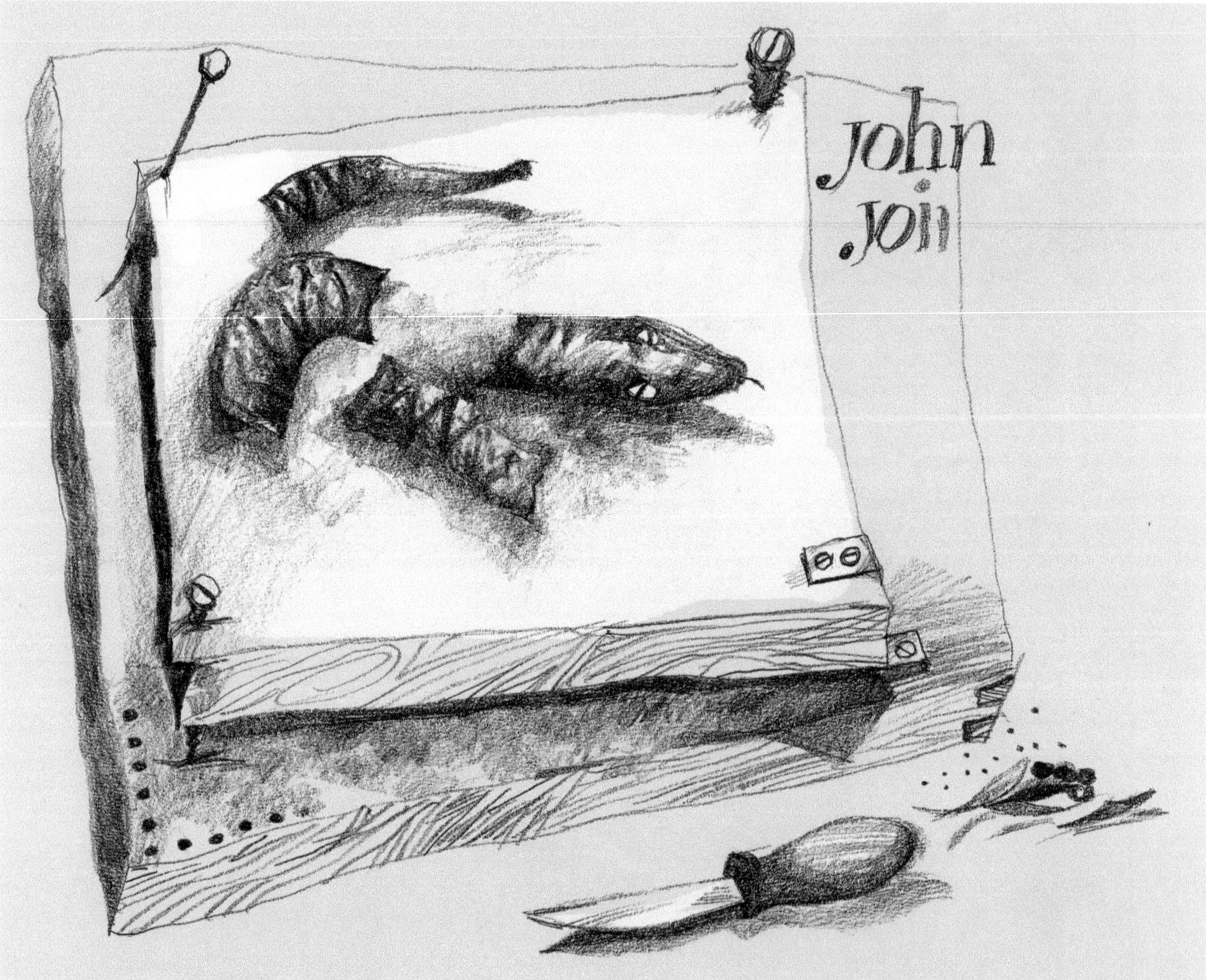

john
john

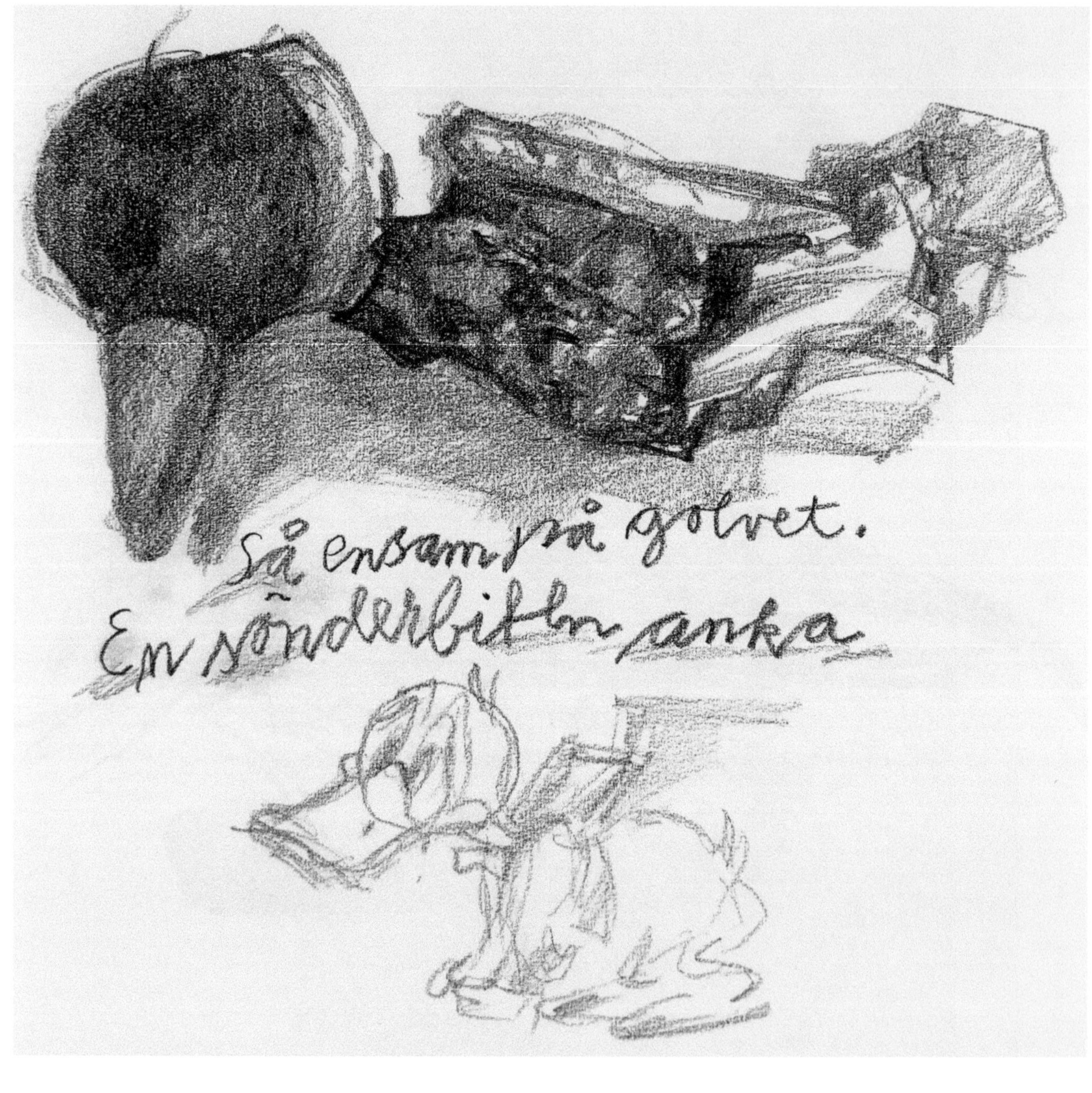
Så ensam på golvet.
En sönderbiten anka

DO NOT TOUCH ME!!

VÄRMLAND 2022

Johns eka.
Åberg. Orust

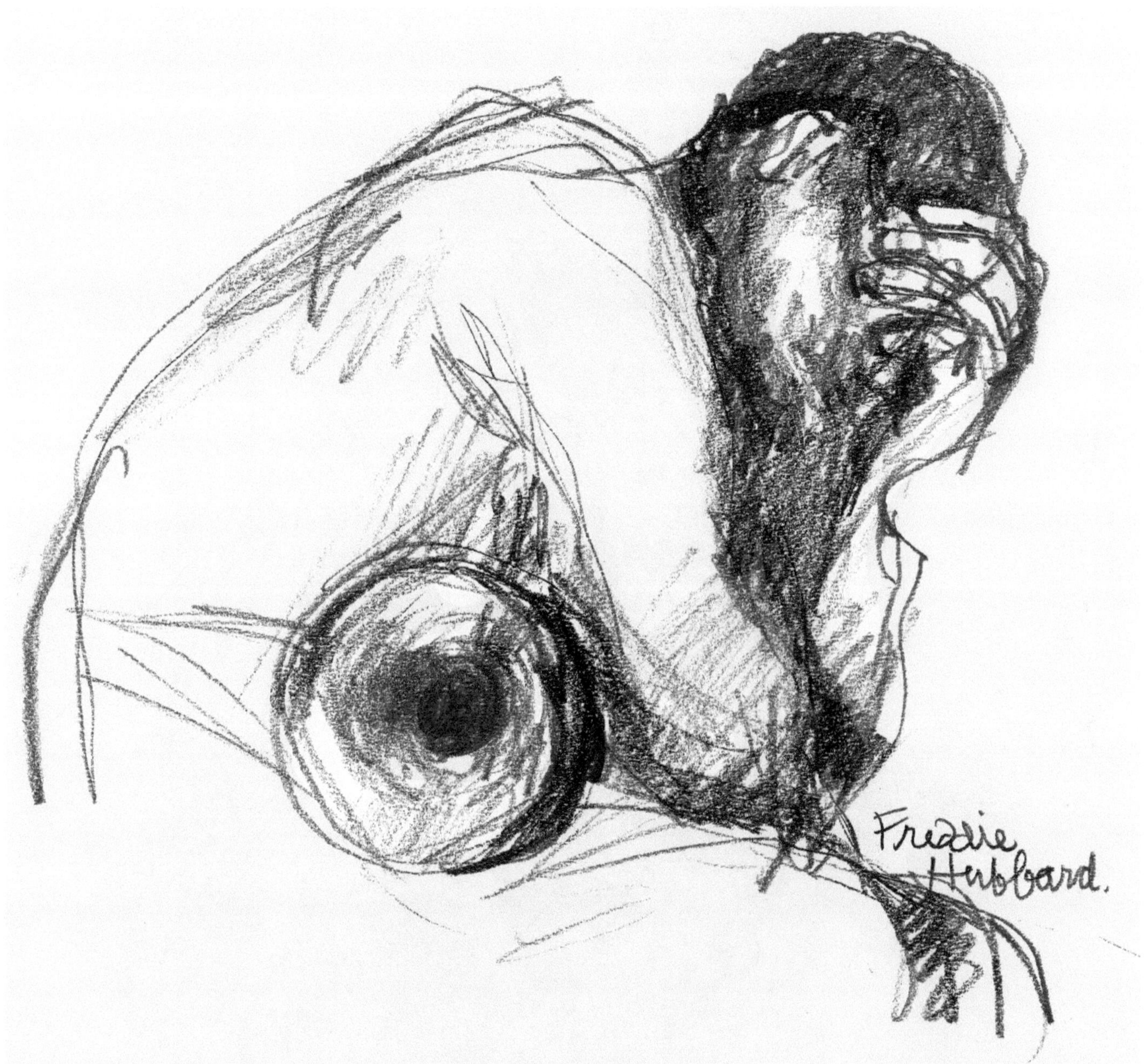
Freddie
Hubbard.

9 ANS
SPÅRVAGN
KL 10 PÅ KVÄLLEN

BERGNÄSET

jet sover

Donald Duck
KALLE
ANKA
& Co

"SÖNDAGEN
30 JULI
2023

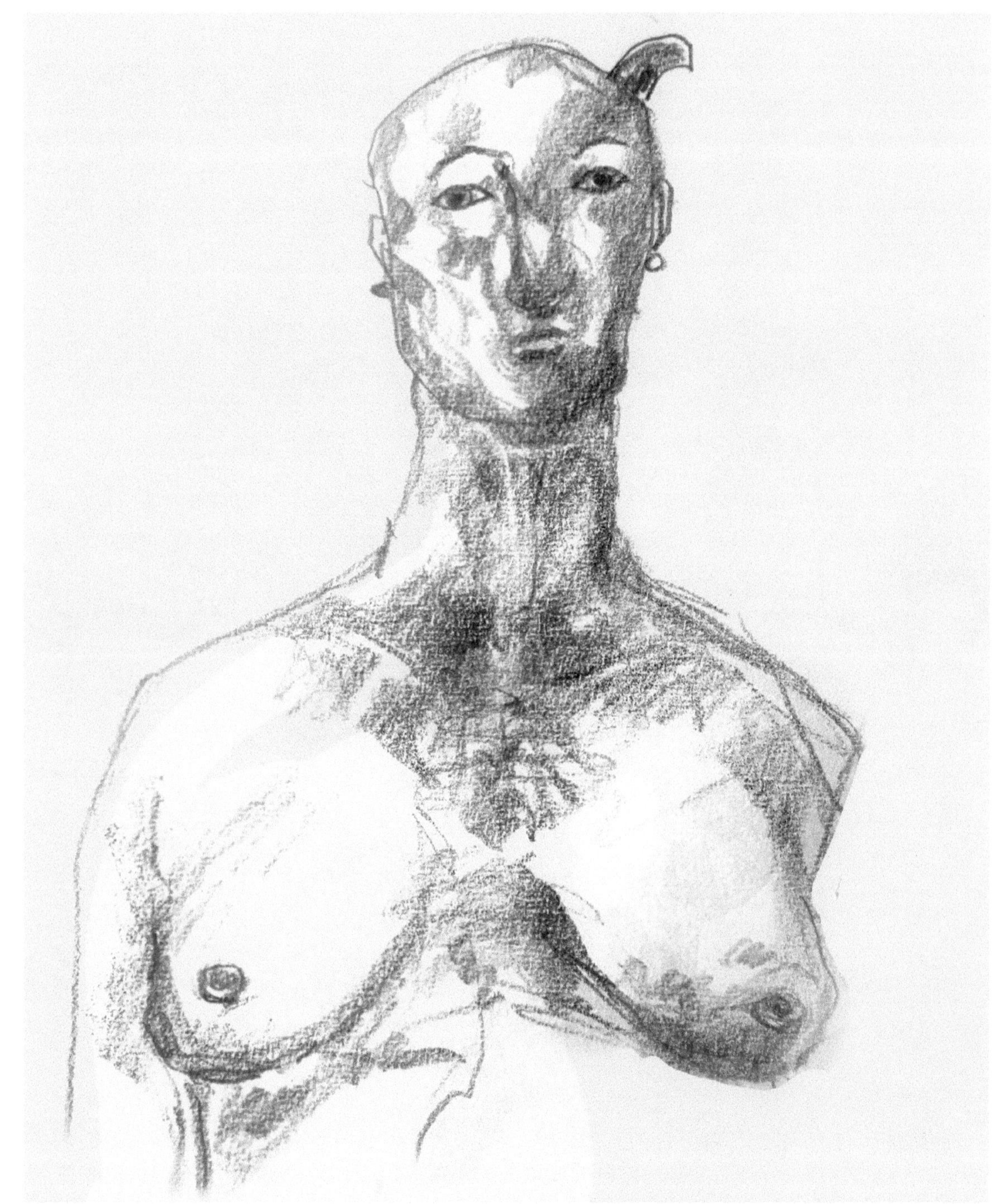

MAUREEN
SHEEHYOSHUS
IRLAND

MACROOM
IRLAND

abcdefghijklm
ABCDEFGH
abcd
G123
ABCDEFGHIJKLMNOPQRSTUVXY

CAT

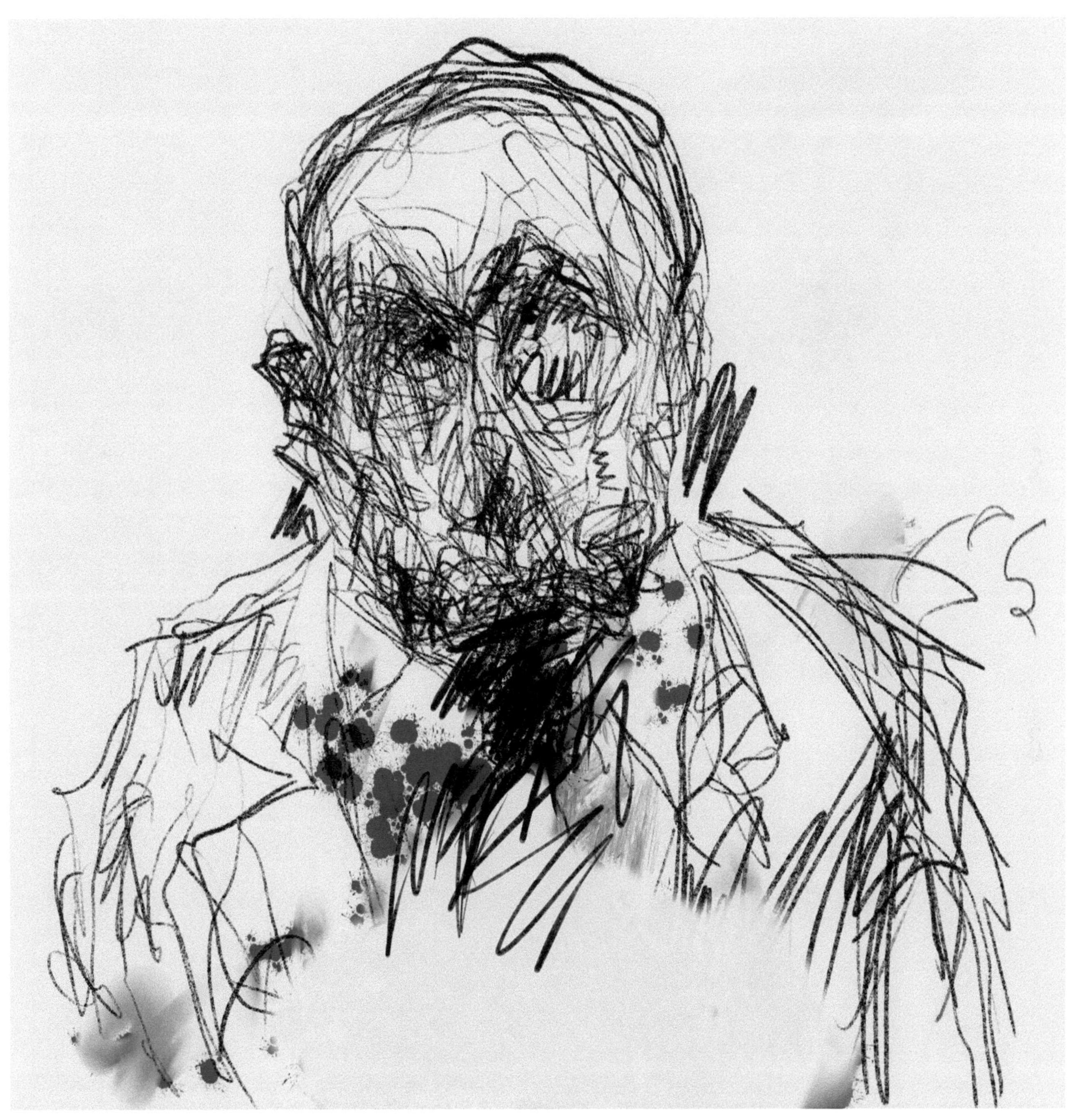

LISSABON
RUA GARRET, LARGO DO CARMO

HO
AD

SKY-
SKRAPA
-OR.
KROK-KO-DIL
KROKO-
DILLTÅRAR
TIGERHJÄRTA

TORGGATAN
FEMSTRECKSJU

MONUMENT VALLEY

DUNQUINI
BLASKETS ISLANDS

JEMEN

EN AV.
DOM MÅNGA
PUBAR JAG
BESÖKTE,
IRLAND

с Г 5 5 9 лд
LENINGRAD

Minnesbild
Tant Annas hus
Öberg. Orsa
Tecknat 26.2.2024

Jdeg 21.11.2020

SPÅRVAGNEN
IDAG.
JÄRNTORGET

3 AM
igår
Valand

TORGGATAN
FEMSTRECKSOU
MITTRUM, PIANO

MONUMENT VALLEY'

SMYGEHUK

JAG VAR PÅ GOTLAND

VALENTIA ISLAND
IRLAND.

PORCELAIN CATBRIYUR

Tog en promenad tillsammans
med Lester Young idag.
Trevligt sällskap!

#3
BUS 27
SF.

MOREN
OTHELLO
von Shakespeare

ABC
DEF
Ab
ABC
abc
defghij
ABC

spårvagn
H9.

An old older boy?
AN OLD MAN

många
streck!

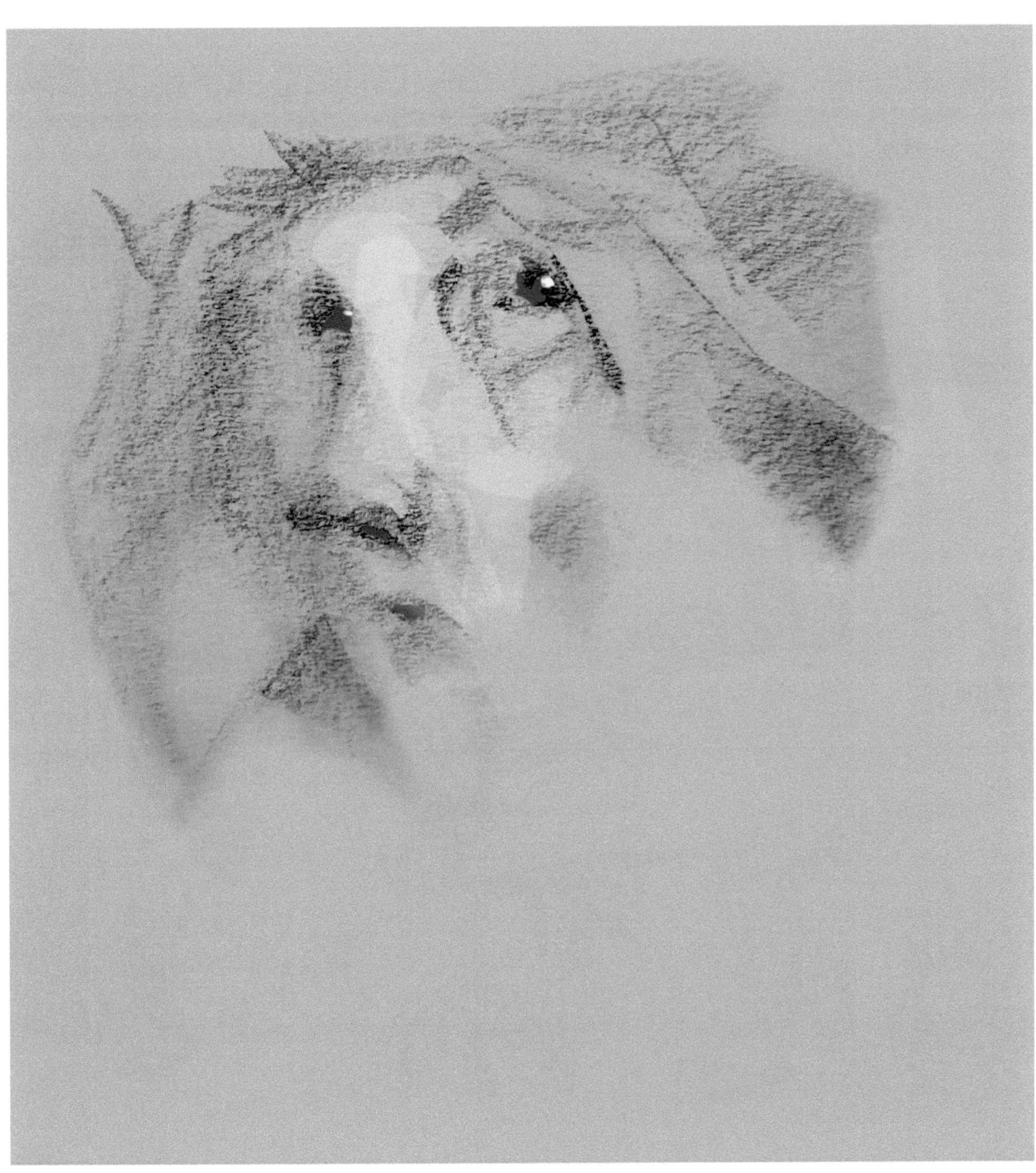